AF313367

P.-M. SAGUEZ

ANTIQUITÉS GALLO-ROMAINES

D'AMIENS

(Extrait de PRO ALESIA, XIIe Série. t. IX-X).

PARIS

ÉDITIONS ERNEST LEROUX

28, RUE BONAPARTE (VIe)

1925

ANTIQUITÉS GALLO-ROMAINES D'AMIENS

Nous publions ici, avec une douloureuse émotion, les études
et notes archéologiques laissées par un jeune savant d'Amiens,
Pierre-Marie Saguez, brusquement ravi à l'affection de ses
parents, à l'estime et à la sympathie de ses amis, avant même
d'avoir atteint sa vingtième année. Déjà connu par de remarquables communications soit au Congrès des Sociétés savantes
en 1921, soit à la Société française de Numismatique, soit
à la Société Nationale des Antiquaires de France en 1922, P. M.
Saguez était de ceux dont on pouvait attendre de brillants et
féconds travaux. La mort, brutale, a fauché ces espoirs. Il n'en
est que plus nécessaire de faire connaître au monde savant et
à tous les hommes de goût qu'intéresse la science de nos anti-
quités nationales les matériaux nombreux réunis par cet adolescent, d'une érudition si nourrie, d'une puissance de travail si
remarquable et d'un esprit si enthousiaste. C'est un grand hon-
neur pour notre Revue d'avoir été appelée à publier ces pré-
cieuses *reliquiae* ; nous en remercions de tout cœur les parents
inconsolables de P. M. Saguez.

J. T.

I

LES DÉCOUVERTES ARCHÉOLOGIQUES DE LA RUE DE BEAUVAIS
A AMIENS (1920-1921-1922).

Des travaux effectués depuis le mois de novembre 1921 sur
des terrains situés n°ˢ 71 et suivants de la rue de Beauvais, en

face de la rue de l'Amiral Lejeune. terrains appartenant à M. Gouverneur, ont amené la découverte d'importantes substructions gallo-romaines.

Deux murs fort bien conservés ont été mis à jour. Ces murs sont parallèles et composés de pierres taillées en « tête de clou » ; quelques assises de larges briques. longues de 0 m. 40, larges de 0 m. 29. épaisses de 0.025. entrent dans la composition du mur de gauche, assurant plus de cohésion aux matériaux et

Fig. 1.

par là une plus grande solidité à l'ouvrage. M. Adrien Blanchet a signalé cette découverte dans la séance de la Société nationale des Antiquaires de France du 31 mai 1922 (*Bulletin de la Société des Antiquaires*. 1922. p. 220 et suiv.)

« L'un de ces murs. sur une longueur de 8 mètres environ, est en petit appareil assez régulier : dans la partie la plus éloignée de la rue. il se soude à un fragment de construction d'un aspect différent. à moëllons allongés. de pierre plus blanche et qui pourrait avoir appartenu à une construction antérieure (Fig. 1). Près de l'angle sud, on a retrouvé un autre mur de petit appa-

Fig. 2.

reil (Fig. 2), qui fut doublé antérieurement d'une autre construction, indiquant une réparation ou une réfection. Ces murs ont peut-être formé une partie rectangulaire d'un édifice qui s'étendait certainement au-delà ..... Une partie de ces murs aurait eu, sur un point au moins, une épaisseur de 1 m. 50, mesure relevée par M. Saguez ».

Entre les deux murs se trouvait un puits, maçonné en pierre dans sa partie basse, qui a été déblayé partiellement ; la faible largeur du puits, dont le diamètre atteint à peine 0 m. 80, n'a pas pu permettre de descendre jusqu'au fond.

Les premiers vestiges de l'édifice ainsi retrouvé avaient été découverts en 1920, au cours de terrassements effectués pour la construction des magasins de M. Delaporte. n°ˢ 58 et suivants de la rue de Beauvais. On recueillit alors une base et un fragment de colonne, qui permettent peut-être de conclure à l'existence en ce point d'une colonnade. La base se compose d'une plinthe de 0 m. 45, surmontée de deux tores séparés par une gorge ; le diamètre du fragment de colonne est de 0 m. 25 (Fig. 3). M. Adr. Blanchet ajoute : « Perpendiculairement à la ligne que pourrait occuper cette colonnade et dans le prolongement présumé du plus grand pan de mur en petit appareil conservé de l'autre côté de la rue, on aurait trouvé une section de muraille présentant, sur un point, un renflement circulaire sur les deux faces (on connaît des murs qui présentent cet aspect sur une façade, mais la date n'en est pas toujours certaine) ».

Fig. 3.

A la limite des fouilles de cet emplacement, on a mis au jour deux tombes, creusées dans la craie avec soin et qui appartenaient peut-être à une nécropole de famille.

Ces diverses fouilles ont amené la découverte d'importants fragments de bas-reliefs antiques et de très nombreux objets mobiliers.

Parmi les reliefs, quelques-uns malheureusement ont été enfouis dans les fondations des bâtiments modernes construits sur les terrains Gouverneur. Le *Journal d'Amiens* du 6 mai

1922 annonce qu'un bas-relief en marbre a été noyé dans un
massif de ciment : « On a trouvé de nombreux débris sculptés,
écrit M. Adrien Blanchet, dont la plupart ont été rejetés dans
les fondations et recouverts de maçonnerie. Cette mesure, com-
mandée peut-être par la nécessité de construire vite, est évi-
demment fâcheuse ... ».

Fig. 4.

Les monuments qui ont pu être conservés sont :

Un bas-relief représentant un Amour, dont il ne reste que
la tête, le torse et le haut de la cuisse droite, sur une hauteur
de 0 m. 35 (Fig. 4). Au-dessus de la tête court un rebord, peut-
être une corniche. Le bras droit a disparu presque tout entier ;
sous le bras gauche levé, on distingue les traces d'un crampon
ou tenon qui consolidait sans doute le bras droit aujourd'hui
cassé. D'après M. le Commandant Espérandieu, cet Amour

tendait les mains peut-être pour cueillir des raisins. La figure est mutilée.

Une tête de femme ou d'enfant, sculptée sur la face d'un gros bloc de pierre haut de 0 m. 34 : la tête ne mesure que 0 m. 13 de hauteur. La chevelure est bouclée et les yeux sont fermés (Fig. 5). M. Adrien Blanchet remarque que le travail de cette sculpture est peu poussé et que le style en est médiocre. M. le Commandant Espérandieu estime que cette tête est « presque de façon certaine celle d'une divinité, mais le manque d'attributs ne permet pas de la déterminer ». Des traces de stuc, douteuses toutefois,

Fig. 5.

permettent de penser que le bas-relief était peint. C'est peut-être l'image d'une déesse-mère.

Un fragment figurant une cuisse et une jambe (Fig. 6).

Un autre fragment plus petit sur lequel on distingue une main d'enfant (Fig. 6).

Du puits, à demi fouillé dans les terrains Gouvernenr, on a retiré :

La moitié supérieure d'une meule à main en poudingue; diamètre. 0 m. 22.

Un fragment de vase marnien orné d'un dessin au trait en noir.

Une fibule digitée avec pierre sertie, de l'époque marnienne.

Un anneau de bride en bronze ;

Des débris d'ornements en bronze :

Des os de sanglier.

En divers points des mêmes terrains, on a recueilli :

Près du puits, une serpe sans doute munie d'une hampe en bois et qui peut-être servait d'arme de guerre.

Un fragment de terre cuite vernie portant un graffite ou l'on

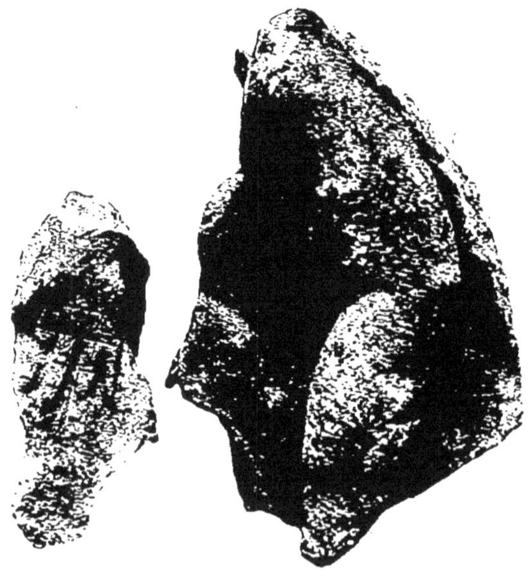

Fig. 6.

reconnaît les deux lettres *XP*, avec au-dessous un signe semblable à un *y*.

Près du n° 69 de la rue de Beauvais, une figurine de Mercure.

Dans les terrains Delaporte, ont été trouvés :

Une épingle en os de 0 m. 16 :

Un miroir en bronze poli, percé d'un trou qui permettait de le fixer sur une plaque de bois ; le diamètre du miroir est de 0 m. 145 (Fig. 7). Un miroir semblable a été trouvé en 1836 par M. Dusevel ; il se trouve actuellement au Musée de Picardie. Un autre miroir analogue provient de la partie haute de la rue de Beauvais.

Le manche d'un autre miroir, cannelé, genre ivoire verdi, long de 0 m. 11.

Près de l'endroit où gisaient le fragment et la base de colonne, ont été exhumés :

Un vase en terre cuite de 0 m. 07 de diamètre, contenant environ 300 épingles en bronze et en argent ; — une poignée en fer ; — un peson de balance en craie ; — un petit vase de terre grise, mesurant de 0 m. 06 à 0 m. 07 de diamètre.

Près des tombes signalées plus haut, on a recueilli :

3 cuillers fragmentées ; — des épingles en or ; — des curettes ; — des perçoirs ; — un moyen bronze de Gordien ; — un croc à deux dents en fer, semblable à celui qui a été trouvé à Châlons enfoncé dans le crâne d'un squelette (collection Schmitt).

Les tombes ont fourni un important mobilier.

1° Tombe sans doute masculine : un flacon de verre à irisation azurée, à fond rentré, mesurant 0 m. 07 de hauteur, 0 m. 035 de diamètre ; — un fragment d'irisation azurée et verte, dénotant la présence d'argent et de mercure ; — un fer de pilum ; — un anneau en forme d'S ; — une figurine de bronze en forme de zigzag terminée à sa partie supérieure par une tête d'oiseau et munie à sa base d'un tenon, qui permettait de la fixer sur une planchette.

2° Tombe féminine : deux tubes en verre à parfums, à irisation verte, haut de 0 m. 24 ; l'un deux est intact, l'autre a le co brisé (Fig. 7) ; — près d'eux se trouvait une cuiller, servant à broyer les parfums, fragmentée ; — un petit vase en verre, en forme de carafe, haut de 0 m. 04, contenant encore une matière blanche ; — un collier fait d'une tige de bronze ; — des perles en pâte vitrifiée ; — une petite fibule de bronze représentant une matrée, coiffée d'un voile très fin, ciselée et ayant gardé une

Fig. 7.

belle patine verdâtre (Fig. 8) ; la Vierge Dorée de la cathédrale d'Amiens ressemble beaucoup à cette figure ; seule la coiffure

Fig. 8.

est différente ; — une fibule de bronze recouverte de deux lamelles d'or, ornée d'un dessin sur lequel on reconnaît une fleur ressemblant à une marguerite (Fig. 9) ; —une bague, en bronze, formée d'un cercle de métal qui s'élargit au centre et se termine par un phallus; — une autre bague de bronze, constituée par un simple fil de métal ; — une clochette de bronze.

A peu de distance des terrains Delaporte, dans la propriété de l'Union coopérative qui occupe les n°ˢ 50 et 52 de la rue de Beauvais, on a exhumé en juillet 1921 un soc de charrue bien conservé, long de 0 m. 36 et large de 0 m. 16, ainsi qu'une monnaie des Trévires qui s'est émiettée lors du nettoyage.

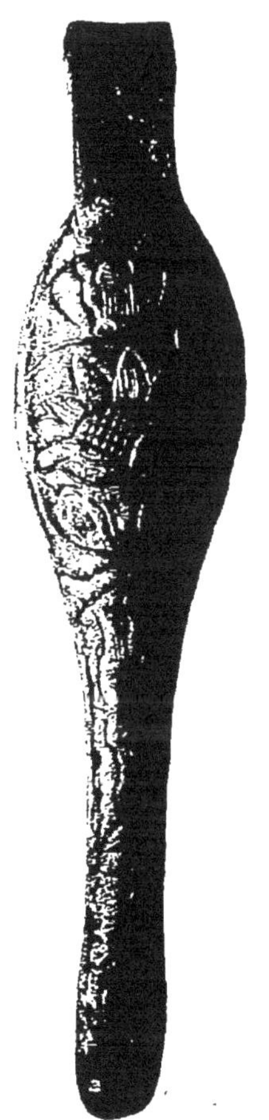

Fig. 9.

Outre ces nombreux objets et fragments d'objets, ont été recueillis sur l'emplacement de l'édifice, dans les terrains Gouverneur et dans ceux de l'Union coopérative, quatorze débris de revêtement de murs en plâtre peint. En voici la liste et la description sommaire (Pl. VIII, IX, X) :

1. Enduit bleu gris ; — 2. Fond rouge rayé d'un filet blanc

bordé d'une bande jaunâtre ; — 3. Sur un fond rouge, demi-cercle jaune brun qui paraît retenu par une tige de même couleur ; — 4. Sur un fond gris bleu sorte d'animal sortant d'un fond gris noir strié de beige, qui pourrait figurer la mer ; — 5. Sur un fond rouge, jambe de quadrupède (?) en blanc et bistre ; — 6. Sur un fond rouge, touche blanche ; — 7. Fond rouge encadré d'un trait bistre, d'une bande vert pâle et d'une bande vert-feuille ; — 8. Fond rouge encadré d'un trait blanc, puis d'une bande vert-pâle et d'une bande vert-feuille ; — 9. Enduit saumon ; — 10. Enduit rouge rugueux ; — 11. Sur un fond blanc ou gris perle, très passé, oiseau volant à droite ; les ailes et la tête sont bleu-turquoise ; — 12. Fond rouge bordé d'un filet blanc et d'une bande bistre-jaune ; — 13. Sur un fond rouge, touches blanches et large bande verte ; — 14. Enduit rouge pâle.

[Les numéros ci-dessus correspondent à ceux des planches en couleur].

Quels étaient le caractère et la destination de l'édifice, dont tant de vestiges ont été rendus à la lumière ?

Malgré la présence des tombes que nous avons signalées, cet édifice ne paraît pas avoir été une construction funéraire. Telle est du moins l'opinion de M. Adrien Blanchet et M. le Commandant Espérandieu croit aussi y reconnaître un monument public ou un temple. Faut-il, dans cette dernière hypothèse, songer à l'un des deux temples de Jupiter et de Mercure, que mentionnent les Actes de saint Firmin (*Acta Sanctorum*, septembre, t. VII, p. 54, n° 14)? Aucun indice significatif n'autorise cette conclusion ; rien non plus ne l'interdit formellement.

Quant à la date de la construction, la découverte d'une monnaie de Gordien ne permet guère de la faire descendre plus bas que le milieu du IIIe siècle de l'ère chrétienne.

II

LES FOUILLES DE LA RUE VICTOR-HUGO (JUIN 1920).

En creusant des puits destinés aux fondations d'un immeuble sis rue Victor Hugo, sur l'emplacement des maisons qui por-

taient les n°⁵ 28 et 30 de cette rue, vis à vis la partie centrale
de la façade du Palais de Justice, des ouvriers ont mis à jour
plusieurs sarcophages antiques, parmi lesquels un cercueil
d'enfant. datant de l'époque de Constantin le Grand.

Parmi les objets trouvés on peut citer : des fioles en verre
irisé ; — plusieurs vases ou coupes en terre rouge et noire ; —
une paire de sandales d'enfant (*soleae*), munies de clous de
bronze (Fig. 10) ; — trois attaches de sandales ; — un insigne

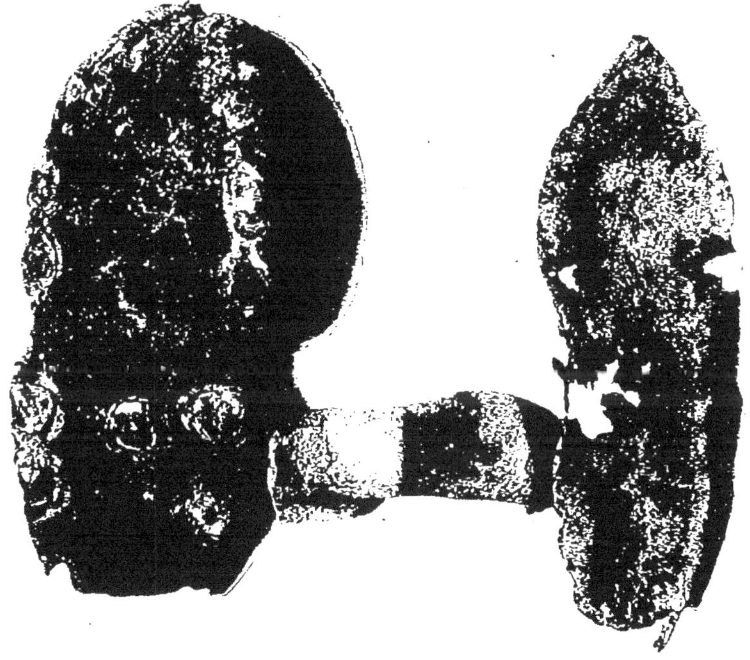

Fig. 10.

de la déesse Fecunditas ; — un phallus en bronze, formant
pendentif. long de 0 m. 02 ; une fibule ; une boucle de ceinture
malheureusement incomplète ; — deux boucles d'oreilles ; —
une monnaie de bronze, à l'effigie de Constantin le Grand,
portant au revers l'inscription *Genio populi romani* ; — une
monnaie de bronze gauloise, analogue à celles qu'on attribue
parfois aux Ambiani et dont voici la description : Au droit.

tête barbare à droite ; grosses .resses de cheveux ; sur la joue,
4 points. — Rv/ Tête barbare de face ; cheveux crépus.

Des sarcophages semblables ont été trouvés il y a quelque
temps au n° 24 de la rue Victor Hugo ; d'autres, il y a une
quinzaine d'années, lors du percement des rues Camille Desmoulins et Chevalier (voir ci-dessous, *la Nécropole du Mont
Thomas*).

On se trouve sans doute, dans ce quartier d'Amiens, en
présence d'une nécropole datant du IIIe et du IVe siècle de l'ère
chrétienne. Cet emplacement, situé non loin du point où se
trouvait la porte sud de Samarobriva, est particulièrement riche
en vestiges gallo-romains.

III

LA NÉCROPOLE GALLO ROMAINE DU MONT-THOMAS.

Des travaux de terrassement effectués pour la construction
de nouvelles maisons dans le quartier Henriville, en un terrain
situé à l'est de la rue Gauthier de Rumilly, au sud de la rue
Camille Desmoulins, ont amené la découverte, au début du
mois d'août 1922, de nombreuses sépultures gallo-romaines,
toutes orientées Ouest-Est. On a exhumé de ce lieu un sarco-
phage, qui se trouvait dans un jardin à 0 m. 35 du sol moderne ;
taillé dans un seul bloc de pierre, il mesurait extérieurement
1 m. 95 de long ; à l'intérieur, il était long de 1 m. 65 et large
de 0 m. 40 : il était sans doute destiné à une femme ou à
un adolescent : le couvercle était en forme de toit, arrondi
à l'une de ses extrémités. Son poids était d'environ 2.000 ki-
logs.

Outre des clous et des ferrures de cercueil, on a recueilli
dans la nécropole :

1° Des poteries, dont l'une, petite patère vernissée rouge,
porte la marque de fabrique OF. MV. ; en 1898, lors de la construction du Magasin des Nouvelles Galeries, rue des Trois-

Cailloux, on a trouvé un fragment de vase signé de la même marque ;

2° Deux monnaies : l'une de la première Faustine (104-141), recueillie dans l'une des tombes ; l'autre d'Antonin le Pieux (138-161), avec au revers l'inscription *Genius populi romani* et les lettres S.C.

Des trouvailles analogues avaient été faites en 1907 dans la même région.

A la fin du mois d'août 1922, en bordure de la rue Camille Desmoulins, les terrassiers ont mis à jour des sarcophages de pierre, orientés Nord-Sud. Outre des fragments de poterie noire, on a recueilli alors un bronze de l'empereur Nerva (96-98), portant au revers la légende *Fortuna Augusti*.

La partie la plus riche de la nécropole du Mont-Thomas paraît se trouver dans le trapèze limité au nord par la rue Latour, à l'ouest par la rue Gauthier de Rumilly, à l'est par la rue Delpech. La limite sud est assez difficile à fixer : elle ne pourra être établie que par de nouvelles fouilles. Les tombes possédant le mobilier funéraire le plus important ont été trouvées en 1884 à l'extrémité de la rue Saint-Louis, aujourd'hui rue Delpech.

Il semble que l'on ait d'abord commencé à inhumer dans la partie nord de la nécropole ; c'est là qu'ont été trouvées les deux monnaies de Nerva et de la première Faustine ; puis l'on a gagné la partie sud, qui a fourni des monnaies de Gallien (260-268), recueillies dans le jardin du Pensionnat Saint-Martin.

Les pierres, dans lesquelles ont été creusés les sarcophages, provenaient sans doute des carrières de la vallée de la Salle, probablement de Wailly ou de Bonneleau, comme le pensait le regretté Ch. Pinsard.

Souhaitons que l'on trouve un jour des inscriptions, permettant de fixer avec une précision plus rigoureuse l'époque des inhumations dans ce cimetière de notre Samarobriva

IV

CHANDELIER ANTIQUE.
(Fig. 11).

En mars 1922 il a été trouvé à Amiens, 55, rue des Vergeaux, un objet de bronze ressemblant à un double coquetier. Un objet

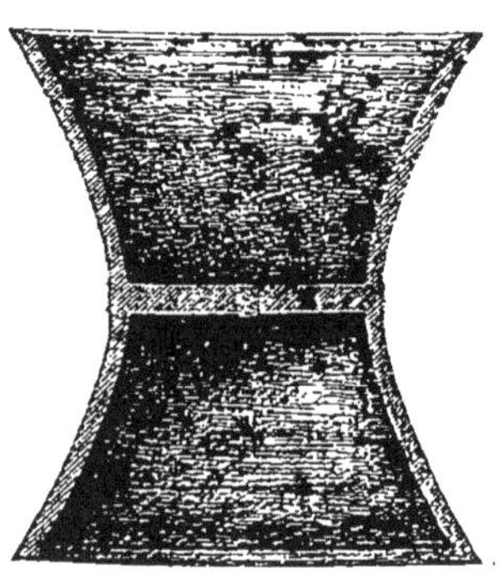

Fig. 11.

similaire a été trouvé à Châlons-sur-Marne (1). M. de Barthélemy a exprimé l'opinion que ce bronze servait de chandelier, en raison d'un tube de forme circulaire placé à l'intérieur du coquetier, tube qui serait, d'après lui, le canon du chandelier (2).

Le chandelier trouvé à Amiens ne possède pas ce canon, mais il est percé d'un trou de 0 m. 004 environ, qui permettait le passage d'une tige de fer, dans laquelle on enfonçait un cierge Il est haut de 0 m. 09 ; la largeur maxima est approximativement de 0 m. 085, la largeur minima de 0 m. 04. Il pèse

(1) D; Fernand Cabrol, *Dictionnaire d'archéologie chrétienne et de liturgie*, s. v. *Chandelier*, fig. 2469.

(2) *Bulletin de la Société des Antiquaires*, 1877, p. 98 et suiv.; cf. A. Bertrand, *Revue des Sociétés savantes*, 6e série, t. III, p. 131 et suiv.

400 grammes ; il est orné dans sa partie médiane d'une ciselure assez comparable au dessin que laisserait une cordelette appliquée sur une matière plastique.

Auprès du chandelier a été recueillie une petite poterie vernissée rouge, malheureusement cassée, portant la marque SASIN ; un peu au-dessous, on a trouvé un grand bronze de Vespasien et une monnaie de bronze des Ambiani : Droit. CA... Cheval galopant à gauche et surmonté d'un signe en forme de V ; R/ Indistinct (Atlas H. de la Tour n° 8494 ª).

V

Catalogue des signatures de Potiers Romains trouvées a Amiens de 1879 a 1923.

[Pour donner à ce catalogue établi par Pierre-Marie Saguez, avec une exactitude et un soin remarquables, toute sa valeur archéologique, nous avons ajouté au manuscrit deux séries d'indications qui nous paraissent utiles : 1° La référence au *C. I. Lat.*, lorsque la signature est déjà connue dans les trois Gaules. 2° Les mentions : *Inédit*, lorsque la signature ne figure pas au *C. I. Lat.* ; *Inédit à Amiens*, lorsqu'elle n'a pas été rencontrée dans cette ville.

Afin de simplifier les références au *Corpus*, nous nous sommes contenté de reproduire l'exposant qui suit le numéro principal. Par exemple C. 7 signifie *C. I. Lat.*, XIII, 3ᵉ partie, 10010⁷ ; C. 37 signifie *C. I. Lat.*, XIII, 3ᵉ partie, 10010²⁷, etc.

Chacun des numéros dont le catalogue se compose renferme la signature du potier, telle que l'a transcrite Pierre-Marie Saguez ; — le point ou les points d'Amiens où la signature a été trouvée ; — lorsqu'il y a lieu, la référence au *Corpus* ; — enfin, le cas échéant, la mention *Inédit* ou *Inédit à Amiens*.

Nous avons groupé sous un même numéro les diverses formes de la signature d'un même potier.]

1. OF ABAL   ?
   C. 7 : *Abalanis, Aballan. f.*
   Inédit à Amiens.

2. OF ABN, peut-être ABAL (A
   et L liés), Frédéric Petit.

3. ABVCI OF. Port d'Amont.
   Comédie. Peut-être *Albuci*
   of (v. pl. loin n° 14) ou bien
   C. 16 : *Abus fe.*

4. A.C.E.R.O. Port d'Amont.
   ACERO M. Comédie.
     C. 23 : *Acerus, Aceri.*
     Inédit à Amiens.

5. ACVI. Musée.
   ACVI O. Bibliothèque.
   ACVITA. Eglise St-Maurice.
     C. 28 et suiv.

6. ACVTVS. Carmélites. Louvencourt. Eglise Saint-Rémy.
   C. 37.

7. ADIECTI MA (M et A liés).
   Port d'Amont.
     Inédit.

8. ADVOCISI. Musée.
   ADVOCISI O. Comédie. Frédéric Petit. Préfecture.
     C. 43.

9. AEIXNI. Frédéric Petit.
   Ne serait-ce pas *Ael[ia]ni?*
   C. 44.

10. AEST. Comédie.
   AESTIVI M. Comédie.
     C. 49.
     Inédit à Amiens.

11. AETERNI M.   ?
   C. 52.

12. AIIVI. Carmélites.
   C. 73ᵃ : AIVI.
   Inédit à Amiens.

13. ALBINVS.
   ALBINI. Frédéric Petit.
   ALBINI OF. Musée.
   ALBINI M. Parvis Notre-
   Dame.
     C. 81 et suiv.

14. ALBVCI. Jacobins. Port d'A-
   mont. Comédie. Carméli-
   tes. Musée. Trois Cailloux.
   ALBVCI M. Comédie.
   ALBVCI MA.
   ALBVCI OF.
   ALBVCI OFI. Port d'Amont.
     C. 85.

15. ALBVS F. Port d'Amont.
     C. 86.
     Inédit à Amiens.

16. ALLVRO. Saint Acheul.
     Inédit.

17. OF ALVITTA.   Frédéric
   Petit.
     Inédit.

18. AMBITOVTO. Préfecture.
     C. 107.
     Inédit à Amiens.

19. AMORIS. Port d'Amont.
     Inédit.

20. AMVCI M. Musée.
     Inédit.

21. AND. Frédéric Petit.
   Cf. C. 116, 121.
     Inédit à Amiens.

22 ANEXILAI. Comédie.
      C. 124. *Anexilati.*
        Inédit à Amiens.

23. OF ANN.
      C. 132 et suiv.
        Inédit à Amiens.

24. ANNI. Louvencourt.
        Inédit à Amiens.

26. ANNICVI. Comédie.
        Inédit.

27. ANVACVS. Port d'Amont.
        Inédit.

28. APES VIV... Parvis Notre-
      Dame.
        Inédit.

29. APR.   ?
      C. 139 et suiv., spéciale-
      ment 146.
        Inédit à Amiens,

30. OF APRO   ?
      APRONI F. Carnot.
        C. 151 et 154.

31. AQT. Louvencourt.
      Sans doute *Aquitanus* ou
      Aqutus.
      C. 157, 159.
        Inédit à Amiens.

32. ARC OF. Boulevard Saint-
      Charles.
      C. 164.
        Inédit à Amiens.

33. ARDACI. Frédéric Petit.
      OF ARDACI. Carmélites.
      OF ARDA.
      C. 167.

34. ARICI M. Port d'Amont.
      ARICI MA. Jacobins.
      C. 169.
        Inédit à Amiens.

35. ARTI M. Comédie.
      C. 173.
        N'a encore été trouvé
        qu'à Trion (Lyon).

36. ASIATICI. Musée.
      C. 168.

37. ASCILLII F. Saint-Rémy.
        Inédit.

38. ATE. Louvencourt, Comédie.
      ATEI. Amiral Courbet, Pré-
      fecture.
      ATEI OF. Jacobins.
        Inédit.

39. ATEI CREST.
      · · · · · · · · · · · A et T liés.
      Seconde ligne illisible.
        Inédit.

40. ATEI [*E*]VHODI. Louven-
      court.
        A et T liés. Inscription
        en cercle avec au cen-
        tre HD.

41. ATENI. Jacobins.
      J. Déchelette mentionne un
      potier Atenicus à Lezoux.

42. OF ATICI.   ?
      C. 203.

43. ATRI O. Saint-Rémy.
      C. 189.

44. ATTIVS FE. Carmélites,
      Saint-Charles.

45. OF ANGI. Frédéric Petit.
   A et N liés.
     C. 125

46. AVCO IM   ??

47. OFI AV.   ?
   AVC.   ?
   TI
   AVCTUS. Louvencourt.
   ..VM...
     C. 220, 221.
       Inédit à Amiens.

48. AVENTINI M. Lenôtre, Jacobins, Carmélites, Port
   d'Amont.
     C. 217.
       Inédit à Amiens.

49. AVITI M. Port d'Amont, Comédie.
   AVITI MA. Saint-Maurice?
     C. 237, 238.
       Inédit à Amiens.

50. AVNI M.
     C. 246.

51. AVRA. Saint-Charles.
       Inédit.

52. AVO|TI   ?
     C. 248.
       Inédit à Amiens.

53. AVRITTI M. Carmélites.
   A, V et R liés.
     C. 253.
       Inédit à Amiens.

54. BACCINI. Comédie.
     C. 263.
       Inédit à Amiens.

55. BANNVI M. Jacobins.
     C. 270.
       Inédit à Amiens.

56. BANOLVCCI   ?
     C. 271.

57. BANVILLI M. Carmélites,
   Port d'Amont.
     C. 272.
       Inédit à Amiens.

58. OF BASS. Frédéric Petit.
   OF BASSI. Saint-Rémy, Comédie.
     C. 276.
       Inédit à Amiens.

59. BASSIN M.
   OF BASSIN. Saint-Rémy.
   I et N liés.
     C. 275.
       Inédit à Amiens.

60. OF BAV. Frédéric Petit.
   A et V liés.
       Inédit.

61. BELAN... Saint-Pierre.
   Peut-être Bela[tu(llus)].
     C. 279.
       Inédit à Amiens.

62. BELINICI   ?
   BELINICI M. Port d'Amont.
   BELINICCVS F.   id.
     C. 281, 282.

63. BENNICI M.
   M renversé : W.
       Inédit.

64. OFIC BILIC. Saint-Acheul.
     C. 296.
       Inédit à Amiens.

65. BIO FEC. Frédéric Petit.
C. 302.
Inédit à Amiens.

66. BISSVNI. Halle au blé.
C. 314.
Inédit à Amiens.

67. BITVRIX F. Càrmélites,
Port d'Amont.
C. 324.
Inédit à Amiens.

68. BONO. République.
Peut-être Bono[xus].
C. 339.
Inédit à Amiens.

69. BORILLI OF. Banque.
C. 341.
Inédit à Amiens.

70. BVRDO M. Saint-Rémy. Carmélites, Comédie.
C. 367, 368.

71. OF BVSSI ?
F renversée.
Inédit.

72. BVTRIO. Port d'Amont.
BVTRICI ?
C. 372.

73. CABRILLI M. Port d'Amont,
Comédie, Saint-Dominique.
Inédit.

74. CABRIS. Préfecture.
Inédit.

75. CAEVRI M ?
Inédit.

76. OF CAI ?
OF CAIVS. Rue de Noyon.
Inédit à Amiens.

77. CALAVA F.
C. 401.
Inédit à Amiens.

78. CALETINI ?
C. 405.

79. CALVI ?
OF CALVI. Carmélites, Co-
médie, Frédéric Petit,
Saint-Rémy.
C. 408, 412.

80. CAMPANI M. Frédéric Petit.
C. 418.
Inédit à Amiens.

81. CAN. Jacobins.
C. 424.
Inédit à Amiens.

82. CANNI. Louvencourt,
J. Déchelette, *Vases*, I, p. 83.

83. CANOIV M. Comédie.
Inédit

84. CANTOMALLI M. Malmaison.
C. 436.
Inédit à Amiens.

85. CANVS. Louvencourt.
J. Déchelette, *Vases*, I, p. 83.

86. CARAN. Carmélites, Comé-
die, Riolan.
OF CARAN. Comédie, Fré-
déric Petit.
CARAN M. Rue de l'Oratoire.
C. 449.
Inédit à Amiens.

87. CARANTI OF. Musée.
CARANTI M. Comédie.
C. 449.

88. CARATI M. Comédie.
C. 454.
Inédit à Amiens.

89. CARVINI O. Port d'amont.
Inédit.

90. CASCI. Saint-Dominique.
Inédit.

91. OF CASS. Riolan.
Inédit.

92. CASSOS. Louvencourt.
C. 477.
Inédit à Amiens.

93. CASSTVS CAV   ?
C. 478?
Inédit à Amiens.

94. CATIANI   ?
C. 485.

95. CAVANNI, Port d'Amont.
C. 502.
Inédit à Amiens.

96. OFF CE. Comédie.
C. 509.
Inédit à Amiens.

97. OF CELADI. Citadelle.
C. 513.
Inédit à Amiens.

98. CELSIANI F. Port d'amont.
C. 520.
Inédit à Amiens.

99. OF CELSI. St-Remy, Jules
Barni.
C. 523.

100. CELSIOS M. Jacobins.
C. 522.
Inédit à Amiens.

101. CEM.A.E. Jacobins.
Inédit.

102. OF CEMM. Comédie.
Inédit.

103. OF CEN. Comédie.
C. 528.
Inédit à Amiens.

104. CENIANIS. Jules Barni.
Inédit.

105. CENIOBES O. Parvis Notre-
Dame.
Inédit.

106. CENSORINVS. Port d'a-
mont.
E et N liés.

CENSORINI. Musée.
CESORINI. Port d'amont.
C. 537.
Inédit à Amiens.

107. CER M. Musée.
Inédit.

108. CERIALI M. Comédie.
C. 544.
Inédit à Amiens.

109. OFF CERN. Comédie.
Inédit.

110. CE[R]OTICI. Bibliothèque.
C. 545.
Inédit à Amiens.

111. CERTVS F. Riolan.
CERTI MA. Jacobins. Port
d'Amont.
OFFI CER. Préfecture.
OFF CER. Port d'Amont,
Frédéric Petit. Cf. n° 107.
C. 546.

112. OF CESEN   ?
Inédit.

113. CHELSI. Comédie.
Inédit.

114. CINIV. Musée.
C. 565.
Inédit à Amiens.

115. CINNAM   ?
CINNAMI. Musée.
CINNANI (*sic*)   ?
C. 567.
Inédit à Amiens.

116. CINTOVGENI. Jules Barni.
C. 571.

117. CINTVSMVS F. Musée.
CINTVSMI M. Port d'Amont.
C. 573.

118. CINVS M   ?
C. 565 ?
Inédit à Amiens.

119. CIPPI M. Jacobins.
Inédit.

120. CISPI. Louvencourt.
Inédit.

121. CITVRI. Carmélites.
T, V, R liés. C. 583.
Inédit à Amiens.

122. CIVILLI. Frédéric Petit.
Inédit.

123. CLARI. Louvencourt.
IЯA⅃Ↄ
Inédit.

124. CLARV. Frédéric Petit.
AVILLI
Inédit.

125. OF CL SEN. Musée.

126. CLEM. Jacobins.
CLEME. Port d'Amont.
C. 588.
Inédit à Amiens.

127. CN ATEI. Comédie, Saint-
Rémy.
Peut-être *Cn(aei) Atei*. Cf.
n° 38 et suiv.
Inédit.

128. CNNA (*sic*). Comédie.
Inédit.

129. COBNERTI M. Port d'Amont.
C. 592.
Inédit à Amiens.

130. COCINI. Bibliothèque.
COCINVN (*sic*)   ?
Inédit.

131. COCVRO F   ?
C. 601.
Inédit à Amiens.

132. OF COELI. Comédie.
C. 604.
Inédit à Amiens.

133. OF COFR   ?
Inédit.

134. COMI O. Port d'Amont.
· C. 613, cf. 617, 622-4.
Inédit à Amiens.

135. COMISARVS. Port d'Amont.
Inédit.

136. COMOS. République.
C. 623.
Inédit à Amiens.

137. CONGI M. Comédie.
C. 635.
Inédit à Amiens.

138. CONTI O. Frédéric Petit.
Inédit.

139. COS RVF. Jacobins.
C. 654, 655·

140. COTTO IVLI. Sergents.
C. 678.
Inédit à Amiens.

141. COTTRO F. Musée.
Inédit.

142. COTVLO. Louvencourt,
Faubourg Noyon.
C. 681.
Inédit à Amiens.

· 143. C PV OF. Musée.
Inédit.

144. CRACIS M. Comédie, Banque.
CRACIS AF   ?
C. 688.
Inédit à Amiens.

145. CRACVNA F. Carmélites.
C. 689.
Inédit à Amiens.

146. CRES F   ?
CRES M. Citadelle.
CREST. Citadelle.
OF CREST. Comédie.
CRESTI. Saint-Rémy, Fré-
·déric Petit.
CRESTIO. Comédie, Biblio-
thèque.
OF CRESTIO   ?
C. 697, 698.
Inédit à Amiens.

147. CRICIRONVS   ?
C. 702.

148. CRISPI. Port d'amont, Co-
médie. Saint-Dominique.
CRISPI M. Frédéric Petit,
Jacobins, Parvis Notre-
Dame.
C. 705.
Inédit à Amiens.

149. CROBISO M. Carmélites,
Port d'amont, Voiture.
C. 711.
Inédit à Amiens.

150. CRVPP. Jacobins.
Inédit.

151. CV F   ?
Inédit.

152. CVCALI M. Comédie.
C. 716.
Inédit à Amiens.

153. CVCCILLVS F. Comédie.
C. 717.
Inédit à Amiens.

154. OF CVI. Port d'amont.
Cf. C. 727, 731.
Inédit à Amiens.

155. CVNDV. Comédie.
Cf. C. 633 et 720. Bull.
arch. du Comité, 1917,
p. LXIX et LXXXIX.
Inédit à Amiens.

156. DAMINI M. Musée. Carmélites, Comédie.
C. 742.

157. DAMONO. Faubourg Noyon.
DAMONVS F. Voiture.
C. 743.
Inédit à Amiens.

158. DECMI MA. Port d'Amont.
C. 765.
Inédit à Amiens.

159. DEMIO. Musée.
Cf. C. 767.
Inédit à Amiens.

160. DICCIV   ?
Inédit.

161. DIVICATVS. Port d'Amont,
Parvis Notre-Dame.
C. 788.

162. DIVICI M. Comédie.
C. 789.
Inédit à Amiens.

163. DIVIXTI. Musée.
C. 791.

164. DOCCIVS. Parvis Notre
Dame.
C. 795.
Inédit à Amiens.

165. DOVCCI. Port d'Amont.
C. 801 ; cf. 814.
Inédit à Amiens.

166. DONICAS. Jacobins.
Peut-être *Donicatus*.
C. 810.
Inédit à Amiens.

167. DOVILLICCO. Saint-Domi-
nique.
Cf. C. 815.
Inédit à Amiens.

168. DRAVCI. Comédie.
C. 820.

169. DVPIVS F. Jacobins.
Le P a la forme d'un Φ
grec.
C. 829.
Inédit à Amiens.

170. DVRINK. Frédéric Petit.
Inédit.

171. DVROTIX   ?
C. 832.

172. DVSOR. Jacobins.
Dusor, inédit.
ou peut-être *Censor* .

173. EIOV   ?

174. ELVILLI. Rue de Beauvais.
Inédit.

175. ERRI. Comédie.
ERRI MA. Frédéric Petit.
C. 862.
Inédit à Amiens.

176. ERTI   ?
C. 864.
Inédit à Amiens.

177. EVHOD. Comédie, Ver-
geaux.
(V et H liés).
Inédit.

178. OF. L. FABV. Frédéric
Petit.
C. 879 : *Fabus fe.*
Inédit à Amiens.

179. OF FACE. Musée, Jacobins.
Inédit.

180. FAGNINI M. Saint-Rémy.
(Inscription en creux entre
les pattes d'un cerf).
Inédit.

181. FANTVNO. Port d'Amont.
Inédit.

182. FAV. NTINVS   ?
C. 882.

183. FECINI M. Comédie.
Inédit, ou peut-être
Reginus? v. pl. loin
n° 362.

184. FELIX. Comédie.
FELIX F. Port d'Amont.
FELICI OF   ?
OF FELICE. Frédéric Petit.
FELICIS MAN. Comédie.
C. 889.
Inédit à Amiens.

185. FELIX SEV. Comédie.
C. 890 : *Felix (et) Sev(e-
rus)*.
Inédit à Amiens.

186. OF FEVFI. Jacobins.
Inédit.

187. OF FIRM. Bibliothèque..
C. 897 ; cf. 901.
Inédit à Amiens.

188. O FIRMON. Port d'Amont.
C. 900.
Inédit à Amiens.

189. FLO ALBINI O. Musée.
C. 913.
Supra n° 13.

190. FRIICAIIO   ?
Inédit.

191. FRIMO. Comédie.
Ne serait-ce pas une erreur
pour FIRMO; cf. supra
n° 188.

192. FRONTINI   ?
C. 920.
Inédit à Amiens.

193. FVIRI. Comédie.
Peut-être FVFRI.
C. 925.
Inédit à Amiens.

194. FVSCI. Augustins.
C. 927.
Inédit à Amiens.

195. GABRINI M.
C. 932 ou 933.

196. GALALIAR. Riolan.
Inédit.

197. GALLICA. Comédie.
  C. 936.
    Inédit à Amiens.

198. OF GASTI. Saint-Charles.
    Inédit.

199. M F GEMIN M. Musée.
  C. 955.
    Inédit à Amiens.

200. GENIALIS F. Comédie.
  GENIAL... Musée.
    C. 959.
      Inédit à Amiens.

201. GENIO.. Saint-Rémy.
  Peut-être Geni(t)o(r) ; v.
    202.

202. GENITOR F. Comédie, Ja.
  cobins, Halle au blé.
  (avec ou sans points entre
    les lettres).
    C. 960.

203. GERMAI. Comédie.
  OF GER. Jacobins.
    C. 963.

204. GINATI M. Port d'Amont.
    Inédit.

205. GRACVNA F. Port d'Amont.
  GRACVNI F. Port d'Amont.
  GRACVNV. id.
    Cf. supra n° 145.

206. GRAECVS. Saint-Rémy.
  C. 975.

207. HER M. Banque de France.
    Inédit.

208. HMIA ?
    Inédit.

209. H M FVFI ?
  Lecture très douteuse.
    Inédit.

210. IANVRI OF. Carmélites.
  Sans doute Ianu(a)ri of.
    C. 1002.
      Inédit à Amiens.

211. ICV. Halle au blé.
  Peut-être Icn(us).
    C. 1019.
      Inédit à Amiens.

212. I. ER. SECV· ?
    Inédit.

213. IINVV. Frédéric Petit.
    Inédit.

214. IIVAVI. Louvencourt.
    Inédit.

215. IIVV. Musée.
    Inédit.

216. IIVVI. Port d'Amont.
  (Les n°s 215, 216 sont peut
    être des chiffres. V.
    infra p. 161).

217. ILLINI OF. Musée.
    Inédit.

218. ILLIX OF. Comédie.
    C. 1020.
      Inédit à Amiens.

219. IMA.., Préfecture.
    Inédit.

220. IMANN ?
    Inédit.

221. IMIO ?
    Inédit.

222. OF ING. Préfecture.
  ·.... GENVI   ? Sainte-
  Marguerite.
    C. 1032.
223. INRO. Comédie.
    Inédit.
224. INVENTI. Musée.
    C. 1040.
225. IOVIV   ?
    C. 1048.
226. IRM. Louvencourt.
    C. 1055.
    Inédit à Amiens.
227. IVCVN. Carmélites, Comédie, Saint-Dominique.
  OF IVCV. Comédie, Citadelle.
  OF INCVN (sic). Frédéric
  Petit, Musée.
    C. 1061.
228. IVLI. Citadelle.
    C. 1066.
    Inédit à Amiens.
229. IVLIANI. Port d'Amont.
    C. 1063.
    Inédit à Amiens.
230. IVLIOS. Citadelle.
    C. 1065.
    Inédit à Amiens.
231. IVLLIVI (sic)   ?
  IVLLINI OF. Carmélites.
  IVLLINI M. Comédie, Port
  d'Amont.
    C. 1083.
232. IVNI. Carmélites.
  IVNI M   ?
    C. 1089.

233. OF IVON   ?
    Inédit.
234. IVPINI M. Jacobins.
  Peut-être LVPINI M. v.
  infra n° 259.
235. IVTIV. Parvis Notre Dame.
    Inédit.
236. IVI. Musée.
    Inédit.
237. IVVI. Comédie.
  ?   C. 1094.
238. IXIWII   ?
    Inédit.
239. KALENDIO   ?
    C. 1097.
    Inédit à Amiens.
240. OF LAL GER. Frédéric
  Petit.
  OFF LALI GER.   ?
  Peut-être off. Lal(l)i (et)
  Ger(mani).
    C. 1112.
    Inédit à Amiens.
241. LALIANI. Rue de Noyon.
    Inédit.
242. LALLI M. Comédie, Riolan.
    C. 1111.
    Inédit à Amiens.
243. LAVRI O. Préfecture.
    C. 1123.
    Inédit à Amiens.
244. OFF LCEI. Port d'Amont.
    Inédit.
245. OF LCNNII. Jacobins, Riolan.
    Inédit.

246. LEPIDI MA. Riolan.
C. 1134.
Inédit à Amiens.

247. OF LIABV. Comédie, Saint-Dominique.
Inédit.

248. LIBERTI. Port d'Amont.
C. 1137.
Inédit à Amiens.

249. OF LIC SIVI ?
? *Of. Lic(ini) Seve(ri)*.
Inédit.

250. LICINVS ?
LICNVS. Comédie, Frédéric Petit, Jacobins.
LICIN. Comédie.
LICN. Louvencourt, Comédie.
LICINI. Jacobins.
LICNI. Jacobins.
OF LICINI. Jacobins, Louvencourt. Comédie.
OF LICNI. Comédie.
OF LICN. Louvencourt, Comédie, Jules Barni, Préfecture.
C. 1143.

251. LINTV. Comédie.
Inédit.

252. LITVCINI M. Musée.
C. 1151.

253. LIYRS ?
Inédit.

254. L MARI. Port d'Amont.
Faut-il lire *L. Mari(nus)* ?
La marque a été observée

à La Graufesenque (Déchelette, *Vases céramiques...*, I, p. 84).

255. LOGIRNI ?
LOGIRN M ?
C. 1152.

256. LOLLI M. Comédie.
C. 1153.
Inédit à Amiens.

257. LVC. Musée.
C. 1163.
Inédit à Amiens.

258. LVCEO. Jacobins.
C. 1166.

259. LVPIMVS (*sic*). Lamarck
C. 1179.
Inédit à Amiens.

260. LVPPA F. Frédéric Petit, République.
C. 1180.
Inédit à Amiens.

261 OF MA. Saint-Rémy.
C. 1192.
Inédit à Amiens.

262. MACA ?
OF MACCA. Frédéric Petit.
C. 1195 et 1196.
Inédit à Amiens.

263. MACCIVS. Comédie.
MACCI MA. Jacobins.
C. 1200.
Inédit à Amiens.

264. MACER. Parvis Notre-Dame.
C. 1206.
Inédit à Amiens.

265. MACIONI. Port d'Amont,
Carnot.
C. 1224.
Inédit à Amiens.

266. MACRIANA. Port d'Amont.
MACRINVS. Port d'Amont,
Comédie, Faubourg Noyon
MACRINI M. ?
MACRINI MA. Port d'Amont,
Riolan.
C. 1214.

267. MALLEDO. St-Dominique.
MALLEDVI. Musée.
MALEDV ?
C. 1246.

268. MALLIACI. Comédie.
MALLIACI M. Préfecture.
C. 1247.
Inédit à Amiens.

269. MAMMI. Frédéric Petit.
MAMMI OF ?
C. 1252.
Inédit à Amiens.

270. MANIANVS. Jacobins.
Inédit.

271. MANOV. Comédie.
Inédit.

272. MANVRV. Comédie.
Inédit.

273. MARCELLIMNI. Port d'A-
mont.
MARCELLINI F ?
C. 1264.

274. MARCELLIVS. Fréd. Petit.
C. 1265.
Inédit à Amiens.

275. MARCELLVS F. ?
MARCELLI. Comédie.
MARCELLI M. Port d'Amont,
Frédéric Petit.
MARCELLI MA. Frédéric
Petit.
C. 1266.

276. MARINI M. Riolan.
C. 1274.
Inédit à Amiens.

277. MARONNI M. Carnot.
Inédit.

278. MARSI. ?
C. 1280.
Inédit à Amiens.

279. MARTINI. Carmélites, Co-
médie.
C. 1283.
Inédit à Amiens.

280. MASCELLI O. Jacobins.
C. 1293.
Inédit à Amiens.

281. OF MASCI. Comédie, Jacobins
C. 1291, 1292.
Inédit à Amiens.

282. OF MASCLI. Préfecture.
MASCLI M. Comédie.
C. 1297.
Inédit à Amiens.

283. MASOLIN. ?
C. 1300.
Inédit à Amiens.

284. MASVETI. Port d'Amont.
MASVII. Musée.
MASVETI O. Comédie.
C. 1259.

285. OF MATE. Saint-Maurice,
Bibliothèque.
C. 1305.
Inédit à Amiens.

286. MATERNI ?
MATERNI M. Bibliothèque,
rue de Beauvais.
C. 1307.
Inédit à Amiens.

287. MATI. Citadelle.
C. 1312.
Inédit à Amiens.

288. MATVRI M. Saint-Charles.
C. 1315.
Inédit à Amiens.

289. OF ME... Préfecture.
? C. 1321.
Inédit à Amiens.

290. MEBBIONV M. Port d'A-
mont.
Inédit.

291. MECANI. Port d'Amont.
Inédit.

292. MEMORIS M. Jacobins.
C. 1340.
Inédit à Amiens.

293. MENA | AVILI Louven-
court.
Inédit.

294. MERC. Saint-Rémy.
OF MERC. Comédie, Préfec-
ture.
C. 1343.
Inédit à Amiens.

295. MERCA ?
MERCAT. Carmélites.

MERCATO. Saint-Rémy.
MERCATOR ?
C. 1344.

296. MERCVSSA. République.
MERCVSS M. République.
C. 1347.
Inédit à Amiens.

297. MERECRIV. Citadelle.
Inédit.

298. MERO. Duminy.
Inédit.

299. METTI M. Amiral Courbet.
C. 1350.

300. OF MI. Comédie.
Inédit.

301. MICCI O ?
C. 1355.

302. MILDECV. Comédie.
Inédit.

303. MINVI O. Jacobins.
C. 1365.
Inédit à Amiens.

304. MIVB ... VS. Jacobins.
Inédit.

305. MN. Riolan.
Inédit.

306. OF MODESTI ?
OF MODES. Comédie, Char-
les Dubois.
C. 1369.

307. OF MOI. Carmélites.
C. 1372.
Inédit à Amiens.

308. OF MOL ?
Inédit.

309. MOM. Musée, Frédéric Petit
Saint-Fuscien.
C. 1374.
310. OF MONI. Parvis Notre-
Dame.
C. 1377 et suiv.
Inédit à Amiens.
311. OF MONS. Musée.
Inédit.
312. MOSSI MAN. Port d'Amont.
MOXI M. République.
MOXINVS M   ?
MOXIVS F. Musée.
C. 1391.
313. OF MSCLI. Louvencourt.
Sans doute *of M(a)scli*,
cf. supra n° 282.
314. OF MV. Comédie, Gaulthier
de Rumilly.
C. 1392.
Inédit à Amiens.
315. MVRANI. Port d'Amont.
OF MVRA. Frédéric Petit.
OF MVRRA. Voiture.
OF MVRRAN. Comédie.
C. 1394.
Inédit à Amiens.
316. MVXTVLLI. Port d'Amont.
MVXTVLLI M. Comédie,
Jacobins, Riolan, Préfec-
ture.
C. 1398.
317. NAINI. Comédie.
Inédit.
318. NAMILIANI. Comédie.
C. 1405.
Inédit à Amiens.

319. NAT MA. Comédie.
Inédit.
320. NECEI. Louvencourt.
Inédit.
321. NEQVR. Comédie.
C. 1418.
Inédit à Amiens.
322. NICEPHOR. Comédie.
C. 1426.
Inédit à Amiens.
323. OF NIGRI   ?
OF NIGRI AND. Saint-Rémy.
OF NIGR. Comédie, Préfec-
ture.
OF NGR. Frédéric Petit, Pré-
fecture.
OF NGRI. Comédie, Frédé-
ric Petit, Citadelle, Sainte-
Marguerite.
C. 1428.
324. OF. R. NINI. Frédéric
Petit.
Inédit.
325. NITTAI. Musée.
Inédit.
326. N. M.   ?
Inédit.
327. NNA. Saint-Dominique.
Inédit.
328. NOTVS F. Préfecture.
C. 1443.
Inédit à Amiens.
329. OMRI M. Port d'Amont.
Inédit.
330. ONC ..V. Comédie.
Inédit.

331 . OSBI MANUS   ?
    OSBI M. Port d'Amont.
    C. 1475.

332 . OTITI M. Port d'Amont.
    Inédit.

333. OFF PA. Comédie.
    O PASN. Comédie, St Remy.
    PASSEN. Comédie.
    C. 1491 et suiv.

334. PASSIENI. Louvencourt.
    OF PASSIEN. Victor Hugo,
    Frédéric Petit.
    PASSIE ou PASSI F   ?
    C. 1495.

335. OFIC PAT. Comédie.
    OF PAT. Pâture.
    C. 1498 et 1499.
    Inédit à Amiens.

336. PATER F   ?
    C. 1500.
    Inédit à Amiens.

337. PATERCLINI. Musée, Port
    d'Amont.
    C. 1502.

338. PATERCLVS F   ?
    C. 1504.

339. PATERNI. Baraban.
    PATERNI M. Carmélites.
    PATERNI OF. Comédie.
    PATERNIVS F. Musée.
    C. 1508.
    Inédit à Amiens.

340. PATRICI. Carmélites.
    PATRIC. Comédie.
    OF PATRICI. Comédie.

    PATRICI M. Port d'Amont.
    C. 1511.

341. PAVLLVS. Musée.
    PAVLVS. Musée.
    OF PAVL. St Remy.
    PAVLLI M. Comédie.
    C. 1520.

342. PECVLIARIS F. Port d'A-
    mont, Rue de Beauvais.
    PECVLIAR F. Port d'Amont,
    Carmélites.
    C. 1521.

343. PERPETVI. Port d'Amont.
    C. 1526.
    Inédit à Amiens.

344. P. ...ERT. Faubourg de
    Noyon.
    P. HERT. Fauboug de Noyon,
    Port d'Amont.
    Inédit.

345. PINNAE. Port d'Amont.
    PINNA F   ?
    C. 1533.

346. L PIPERI. St Remy.
    C. 1534.

347. OF PONEI. Frédéric Petit,
    Riolan.
    C. 1543.

348. POIIIVM   ?
    Po[st]um..? C. 1548.
    Inédit à Amiens.

349. PRIMANI. Louvencourt.
    C. 1560.
    Inédit à Amiens.

350. PRIMVL. Frédéric Petit.
    C. 1568.
    Inédit à Amiens.

351. PRIMVS F. Comédie.
PRIM. St Remy.
PRIMI. Louvencourt, Comé-
die, Carmélites, Frédéric
Petit.
OF PRIMI. Comédie, Cita-
delle, Préfecture.
OF PRIM. Frédéric Petit.
OF PRI. Frédéric Petit.
OFI PRI. Jacobins, Cita-
delle.
OFI PR. Louvencourt, Fré-
déric Petit.
PRM M (sic). Comédie.
C. 1569.

352. PRINILETTI. St-Dominique.
Inédit.

353. PRISCI M. Port d'Amont.
C. 1576.
Inédit à Amiens.

354. PRIVATI M. St Domini-
que.
C. 1579.
Inédit à Amiens.

355. PROCLIANIII. Musée.
C. 1582.
Inédit à Amiens.

356. PVGNI M. St Maurice.
C. 1591.
Inédit à Amiens.

357. PVTRIV ?
Marque connue à Lezoux.
(J Déchelette, *Vases céra-
miques*, I, p. 295, n° 153).

358. QVINTINIMI. Musée.
C. 1604 = Quintiliani..?

359. RAMV. Louvencourt.
C. 1611.
Inédit à Amiens.

360. REBVRRI OF. St Remy,
Pensionnat Saint Martin.
REBVRRIA OF. Mont Tho-
mas, St Remy.
REBVRRI M. Comédie.
C. 1614.

361. REGALIS ?
REGALIS M. St Remy,
C. 1616.

362. REGINVS F. ?
C. 1618.
Inédit à Amiens.

363. RIALI. Rue de Beauvais.
OF RIALI. Frédéric Petit.
Inédit.

364. RIATV F. ?
Inédit.

365. RICA FEC. Carmélites, Co-
médie.
RIGA ou RICA F. Frédéric
Petit.
Inédit.

366. RI. TOGENI. Carmélites,
Comédie.
C. 1640.
Inédit à Amiens.

367. RINO F ?
Inédit.

368. RIOECE o ?
Inédit.

369. RISPI M ?
RISPI MA?
C. 1638.

370. RODO. Citadelle.
   Inédit.
371. ROMVLIV. Jacobins.
   ROMVLI F. Port d'Amont.
   C. 1649.
     Inédit à Amiens.
372. RONTIONICI   ?
   RONTIONICV   ?
   Inédit.
373. RVB CRESTVS. Comédie.
     Inédit.
374. OF RVFI. Blamont.
   OF RVFFI. Rue de Beauvais.
   RVFFI M. Carmélites.
   RVFFI MA. Port d'Amont,
   Frédéric Petit.
   RVFIO|T. RVER. St Domi-
   nique, Banque de France.
   C. 1662.
375. RVF DOM   ?
     Inédit.
376. OF SAB   ?
   OFF SAB. Port d'Amont,
   République,   Jacobins,
   Porte Paris.
   O SABI. Louvencourt.
   C. 1682.
377. SACIRI OF   ?
   SACIR OF. Comédie.
   C. 1690 et suiv.
378. SACRAPO   ?
   C. 1694.
     Inédit à Amiens.
379. SACRILLI. Jacobins.
   SACRILLI M. St Maurice.
   C. 1698.
     Inédit à Amiens.

380. SACROI M. Jacobins.
   C. 1699.
     Inédit à Amiens.
381. SAMOGE. Port d'Amont.
   C. 1712.
     Inédit à Amiens.
382. OF SARRI. St Charles.
   C. 1729.
     Inédit à Amiens.
383. SASIN. Vergeaux.
     Inédit.
384. OF SATO... St Remy.
   C. 1734.
385. SATVRNINI. Louvencourt,
   Port d'Amont.
   SATVRNINI OF. Musée.
   C. 1736.
386. SAVCIRO. Musée.
     Inédit.
387. SCOTINVS   ?
   C. 1746.
     Inédit à Amiens.
388. SECAND. St Remy,
     Inédit.
389 OF SEC   ?
   F. SECVN. Port d'Amont.
   SECVN F. Comédie.
   SECVNDI. Frédéric Petit.
   SECV. N.   ?
   C. 1754 et 1764.
390. SEDATVS F.   ?
   SEDATI M. Port d'Amont
   C. 1769.
     Inédit à Amiens.
391. SELINICCI, Jacobins.
     Inédit.

392. SENICA. République.
    C. 1772.
      Inédit à Amiens.

393. SENICI   ?
    SENICI O. Citadelle, Préfecture.
    SENICI OF. Comédie.
    C. 1776.

394. SENICO. Louvencourt.
    C. 1777.
      Inédit à Amiens.

395. SENILA   ?
    SENILA M. Jacobins, Port d'Amont, Musée.
    C. 1778.

396. L SENIS. Préfecture.
    C. 1780.
      Inédit à Amiens.

397. SENNIVS F. Lamarck, Port d'Amont, St Charles.
    SENNI M. Port d'Amont.
    C. 1785.
      Inédit à Amiens

398. SENO. Carmélites.
    OF SENO. Frédéric Petit.
    C. 1786.
      Inédit à Amiens.

399. SENTVRVS F..Préfecture.
    SENTRVS F. Vergeaux.
    C. 1789.
      Inédit à Amiens.

400. SERCERTI   ?
    C. 1790.

401. SESTI. Louvencourt.
    C. 1797.
      Inédit à Amiens.

402. OF SEVE   ?
    OF SEVER. Louvencourt, Usine d'électricité, Comédie, Frédéric Petit, Parvis Notre-Dame, St Dominique, Préfecture.
    SEVERI   ?
    O SEVERI. Jacobins.
    OF SEVERI. Comédie, Port d'Amont, Frédéric Petit, Jacobins, Citadelle, Riolan, St Charles, Banque.
    C. 1800.

403. OF SEXCIN. Comédie.
    C. 1804.
      Inédit à Amiens.

404. SEXIVLVS O. Carnot.
      Inédit.

405. SEXTI. Louvencourt.
    SEXTI MA. Carmélites, Port d'Amont, Jacobins.
    C. 1807.
      Inédit à Amiens.

406. OF SILI. Jacobins.
      Inédit.

407. SILVANVS. Carmélites, Comédie, Banque de France.
    SILVANI. Musée.
    C. 1813.
      Inédit à Amiens.

408. SILVI. Comédie.
    SILVI OF. Comédie.
    C. 1815.
      Inédit à Amiens.

409. OF SILVINI. Carmélites, Frédéric Petit.
    OF SILVIN   ?

SILVINI F. Port d'Amont.
C. 1814.

410. SIO FECI. Port d'Amont.
Inédit.

411. SIV OF. Musée.
Inédit.

412. SMERT. Parvis Notre-Dame.
C. 1823.
Inédit à Amiens.

413. OF SN. Frédéric Petit.
Inédit.

414. SOLANI OF ?
C. 1827.
Inédit à Amiens.

415. SOLVNI OF. Musée.
Peut-être pour *Solani of*;
cf. n° 414.

416. STATI M ?
Inédit.

417. SVLPIC ?
OF SVLPICI. Frédéric Petit.
C. 1834.

418. SVMACI. Lameth.
Inédit.

419. SVOBNI M. Comédie.
C. 1836.
Inédit à Amiens.

420. SVOBNED OF. Louvencourt,
Port d'Amont.
SVOBN. D OF. Musée
C. 1835.

421. TACITVS F. Lenôtre.
C. 1870.
Inédit à Amiens.

422. TAPHVS ?
C. 1877.
Inédit à Amiens.

423. TASCI. Saint-Charles.
C. 1885 et suiv.

424. TAVRIANI. Louvencourt.
C. 1893.
Inédit à Amiens.

425. TAVRICI F. Port d'Amont.
C. 1894.
Inédit à Amiens.

426. TAVRINI ?
C. 1895.
Inédit à Amiens.

427. TERATI OF. Frédéric Petit.
Inédit.

428. TERTI|ANC. Saint-Rémy.
C. 1902.
Inédit à Amiens.

429. TETTARO. Comédie.
TETTRO. Port d'Amont.
C. 1906.
Inédit à Amiens.

430. OF TF... Rue Desprès.
Inédit.

431. TIBERI M. Comédie, Port
d'Amont.
C. 1909.
Inédit à Amiens.

432. TITAV F. Musée.
Inédit.

433. L TITI. Louvencourt.
C. 1918.
Inédit à Amiens.

434. TITVRONIS. Port d'Amont,
Comédie.

TITVRONIS OF. Port d'A-
mont, Frédéric Petit, St-
Charles.

TITVRONIS F. Jacobins.
C. 1916.
Inédit à Amiens.

435. TITVS. Louvencourt.
TITV. Frédéric Petit.
TITVS FECIT. Comédie.
C. 1918.
Inédit à Amiens.

436. TMAL | FORT FECI. Frédé-
ric Petit.
Inédit.

437. TVLICCI M. Port d'Amont.
Inédit.

438. TVLLINI OF. Carmélites.
Inédit.

439. VACVSTIN M. Comédie.
Inédit.

440. VAGIRV. Comédie.
VAGIRO M   ?
C. 1957.
Inédit à Amiens.

441. VAPSVS O   ?
C. 1973, 1974.
Inédit à Amiens.

442. VARICOS. Carmélites.
C. 1976.
Inédit à Amiens.

443. VASOM. Vergeaux (V et A,
O et M liés).
Inédit.

444. OF VASSI. Musée.
Inédit.

445. VCELLA   F.   Port   d'A-
mont.
Inédit.

446. VEG. Louvencourt.
C 1991.
Inédit à Amiens.

447. VEMI F   ?
Inédit.

448. VERECV   ?
C. 2010.
Inédit à Amiens.

449. VERII|VCV F. Sergents.
C. 2013.
Inédit à Amiens.

450. VESPONI. Usine d'électricité.
C. 2021.

451. OF VI. Nouvelles Galeries.
C. 2026.
Inédit à Amiens.

452. VICTORINUS F   ?
C. 2037.
Inédit à Amiens.

453. VILL   ?
C. 2043.
Inédit à Amiens.

454. VIMI. Lameth.
C. 2044.
Inédit à Amiens.

455. VIMOR M. Comédie.
Inédit.

456. VINI. République.
VIN. Louvencourt.
VINI O. République.
Inédit.

457. O VIRILI. Banque.
OF VIRIL. Comédie, Jacobins.
OFIC VIRIL. Jacobins, Port d'Amont, Faubourg Noyon, Saint-Charles.
C. 2055.
Inédit à Amiens.

458. VIRTVTIS. Hôtel de Ville.
VIRTHVS FEC. Louvencourt.
C. 2060.
Inédit à Amiens.

459. VITALIS   ?
VITALI. Comédie, Bibliothèque, Frédéric Petit, Riolan.
VITA... Bellevue, Frédéric Petit, Citadelle, Trois Cailloux.
OF VITALI. Musée.
OF VITAL. Comédie, Frédéric Petit.
OF VITA. Louvencourt, Comédie, Carmélites, Union.
OF VIT. Frédéric Petit, Jacobins.
VITA M. Jacobins.
C. 2062.

460. VIVIEN   ?
Inédit.

461. VOLV.. Comédie.
C. 2083.
Inédit à Amiens.

462. VTILIS; Jacobins.
Inédit.

463. VXOPILLI M. Musée, Louvencourt.
C. 2105.

464. XANTHI. Palais de Justice.
XANT. Comédie, République.
? XANTN ou XANTH. Musée.
XAN. Comédie.
Inédit.

465. XNAX. Frédéric Petit.
Inédit.

Signatures dont le début et mutilé.

466. ... CCIVS. Frédéric Petit.
Peut-être [*Do*]*ccius*, n° 164.

467. ... CELLVS. Frédéric Petit.
[*Mar*]*cellus*, n° 275.

468. .... CIRNI. Musée.
Peut-être [*Lo*]*girni*, n° 255.

469. .... CIRO F. Jules Lardière.
? [*Cri*]*ciro* f. Cf. n° 147.

470. [D]IVICATVS. Comédie.
Inédit.

471. ... COTNS (*sic*). Citadelle.
Cf. n° 387 *Scotinus*.

472. .... ESSVS. Comédie.

473. ..... GENVI. Sainte-Marguerite.
Sans doute [*In*]*genui*; cf. n° 222.

474. ... OCVRO. Frédéric Petit.

475. ... RATI OF. Louvencourt.

476. ..VCINI OF. Port d'Amont, Comédie.

477. VLPICI. Comédie.
[*S*]*ulpici*; n° 417.

478. ... VR OF. Saint-Charles.

479. ... VRNNI. Carnot.
[*Sat*](*urni*)*ni*; n° 385.

Signatures de potiers sur lampes.

480. AGILIS|F. Musée.

481. ATI...TVS. Comédie.

482. ATINIVS|F   ?

483. ATTILVS|F   ?

484. AVFI-FRON. Musée.

485. BASSA. Musée.

486. COMNS   ?
      Communis?

487. EVCARP. Lenôtre.

488. FORTIS. Musée.

489. STONI M   ?

490. VETTI. Frédéric Petit.

Marques d'amphores.

491. LOSSAE | SVIPRAE   F.
      Magots.

492. MAELAI. Musée.

493. QTIFLXW. Rue St-Louis.

Chiffres.

494. IVIIVII. Frédéric Petit.

495. IVXIVI. Carmélites.

496. IXIIXIXV. Louvencourt.

497. VIIIIII   ?

498. VIVVII. Musée.

499. VIXIV. Citadelle.

500. XIIVI. Frédéric Petit.

501. XIIXII   ?

502. XIVIII. St-Dominique.

503. XIXIXIII. Port d'amont.

504. XXXIVVVVVV.   Carmé-
      lites.

Graffites.

505. CRESC. Amiens ou Bavay,
      à droite d'un masque de
      Bacchus barbu. Cf. Déche-
      lette, *Vases...* II, p. 224,
      nᵒˢ 100-103.

506. IVL. St-Rémy.

507. LICI   ?

508. LIVII A. Abladène.

509. NK. St-Rémy. *Mémoires de
      la Société des Antiquaires
      de Picardie*, t. XXXII,
      p. 72.

510. VETXRI. Banque de France.
      Peut-être *Vet[u]ri*. Notes
      manuscrites de Ch. Pin-
      sard.

*Inscription peinte et couleur
      blanche.*

511. RIVICER. Blamont.

Ornements divers.

512. Carré en relief. St-Rémy.
      Notes   manuscrites   de
      Ch. Pinsard.

513. Rose à huit pétales en
      creux. Frédéric Petit.

514 Rose à huit pétales en
      relief. Comédie. St-Rémy.

515. Rose à sept pétales en relief
      larges   et   sept   pétales
      étroits. Rue Maberty.

516. Rose à huit pétales en creux, 4 larges et 4 étroits. Frédéric Petit.

517. Rose à sept pétales en relief. Frédéric Petit.

518. Rose entourée d'une marque où on ne lit que OF.....B. Rue Desprez.

519. Rose formée de huit triangles isocèles opposés par la pointe. Saint-Rémy.

Notes manuscrites de Ch. Pinsard.

520. Soleil à 16 rayons normaux. Jules Lardière.

521. Soleil à 17 rayons tangents au noyau. Port d'amont.

522. Palme à base globulaire. Louvencourt.

523. Palme à base conique. Port d'amont.

INDEX ALPHABÉTIQUE DES TERRASSEMENTS ET DÉPOTS AYANT FOURNI LES MARQUES DE POTIERS

Abladène : en 1922, travaux de terrassement pour les fondations d'une maison.

Amiral Courbet : construction en 1898 de deux maisons portant actuellement les numéros 49 et 53 de la rue de l'Amiral Courbet.

Augustins : construction du pensionnat de Sainte-Philomène, 27, rue des Augustins.

Banque, Banque de France : construction en 1911 de nouvelles caves à la Banque de France, 60, rue des Jacobins.

Baraban : en 1898, travaux de voirie boulevard Baraban.

Bibliothèque : construction en 1899 de l'aile sud de la Bibliothèque communale d'Amiens.

Blamont : en septembre 1848, travaux de terrassement pour les fondations d'une maison.

Carmélites : reconstruction en 1897 de la chapelle du couvent des Carmélites à l'angle nord de la rue d'Alger et de la rue Porte-Paris.

Carnot : travaux dans la propriété de M. Lebel, 28 et 30, Bd Carnot.

Charles Dubois : en 1892, travaux de nivellement rue Charles Dubois.

Citadelle : en 1902 nivellement pour la mise en valeur des terrains de la zone militaire récemment déclassés.

Comédie : en 1898, construction des Nouvelles Galeries, 82, rue des Trois Cailloux et 1, passage de la Comédie (actuellement rue Albert Dauphin).

Desprez : en 1894, travaux de terrassement pour les fondations d'une maison rue Desprez.

Duminy : en 1890, travaux de terrassement pour les fondations d'une maison rue Duminy.

Faubourg Noyon : en 1902, 1903 et 1904 différents terrassements dans la cour de l'Asile des Vieillards tenu par les petites Sœurs des pauvres, 62, rue Jules Barni.

Frédéric Petit : en 1899, travaux de construction dans la propriété de M. Renard, 35, rue Frédéric Petit.

Gaulthier de Rumilly : en 1922, création d'une nouvelle rue, à gauche de la rue Gaulthier de Rumilly et au dessus de la rue Camille Desmoulins.

Halle au Blé : en 1909, transformation de la vieille Halle-au-bled en une école régionale des Beaux-Arts.

Hôtel de Ville : terrassement de voirie sur la place de l'Hôtel de Ville.

Jacobins : en 1895, construction des magasins de MM. Lefèvre, Calot et Cⁱᵉ, 70 et 72, rue des Jacobins. — En 1901, construction des magasins de M. E. Vagniez, 16, rue des Jacobins, et 13, 15 et 17, rue Alphonse Saillat.

Jules Barni : voyez *Faubourg Noyon*.

Jules Lardière : en 1895, construction d'une maison portant le n° 18 (ou 20) de la rue Jules Lardière.

Lamarck : en 1893, construction d'une maison portant le n° 35 de la rue Lamarck.

Lameth : en 1887, travaux de terrassement pour les fondations d'une maison rue Lameth.

Le Nôtre : en 1879 et en 1894, construction de maisons rue Le Nôtre.

Louvencourt : en 1896-1897 construction du couvent des Dames de Louvencourt, 30, rue des Sergents et 8, rue des Oignons.

Magots : en 1885, travaux de terrassement rue des Magots pour les fondations d'une maison.

Malmaison : en 1899 construction du magasin de la Société d'Ours-camp, 5, rue de la Malmaison.

Mont-Thomas : en 1895 travaux de voirie rue Laurendiou, à la hauteur de la rue Lemattre.

Musée : les débris de poteries vernissées rouges du Musée de Picardie proviennent de divers endroits. Ceux qui ont été étudiés par Charles Dufour en 1848 ont été mis au jour soit lors de la construction du Débarcadère (gare du Nord), soit dans les déblais qui ont été entrepris pour combler le bastion de Longueville : d'autres semblent provenir des fondations mêmes du Musée Napoléon (1855-1857). Le Catalogue des objets gallo-romains du Musée de Picardie a été très soigneusement dressé en 1904 par M. de Guyencourt.

Noyon (rue de) : en 1898, construction au n° 32 de la rue de Noyon.

Oratoire : en 1892, construction au n° 6 de la rue de l'Oratoire.

Parvis Notre-Dame : fouilles exécutées sur la place Notre-Dame, entre le 15 octobre 1901 et le 15 janvier 1902, pour la construction, devant la façade de la Cathédrale, de maisons dignes de leur incomparable voisine.

Pâture : en 1900, construction d'une chapelle particulière, le Cénacle, 28, rue de la Pâture (devenue rue Millevoye).

Port d'amont : en 1898, construction de l'usine de M. Alfred Hunebelle, 20, place Parmentier.

Porte-Paris : en 1901, travaux de terrassement pour les fondations d'une maison.

Préfecture : en 1912, construction des nouveaux bureaux de la Préfecture de la Somme, rue de la République.

République : en 1900, construction du calorifère de la nouvelle église St-Rémy, rue de la République.

Riolan : en 1902, construction d'un grand égout le long de la rue Riolan.

Saint-Acheul : en 1898, travaux de voirie rue Jules-Barni.

Saint-Charles : en 1901, construction de la maison de M. Guilbert, 37, boulevard Saint-Charles ; — 1922, travaux de plantation d'arbres.

Saint-Dominique : en 1902, construction de la chapelle du couvent des Ursulines, rue Saint-Dominique (devenue rue Émile-Zola).

Saint-Fuscien : en 1897, travaux de voirie.

Sainte-Marguerite : travaux dans la cour du n° 7 de la rue Sainte-Marguerite (devenue la rue Alphonse-Leullier).

Saint-Maurice : travaux de voirie rue de l'Église (faubourg Saint-Maurice).

Saint-Pierre : en 1902, travaux de terrassement pour les fondations d'une maison, chaussée Saint-Pierre.

Saint-Rémy : en 1889 et 1890, démolition de la vieille église : la liste des marques de potiers découvertes en cet endroit (40 environ) a été dressée par M. R. de Guyencourt et publiée dans le tome XXXII des Mémoires de la Société des Antiquaires de Picardie (in 8°) : *Mémoire sur l'ancienne église des Cordeliers d'Amiens et sur les fouilles qui suivirent sa démolition.*

Sergents : voyez *Louvencourt.*

Trois-Cailloux : en 1902, construction au n° 42 de la rue de ce nom ; en 1920, construction au n° 78.

Union : en 1908, tranchée pour le gaz rue de l'Union.

Usine d'électricité : en 1898, construction boulevard du Port d'une usine d'électricité pour l'éclairage de la ville.

Vergeaux : en 1921-1922, travaux de terrassement pour l'agrandissement des magasins de la Belle Indienne, rue des Vergeaux.

Victor-Hugo : en 1899, travaux dans l'immeuble n° 3 de la rue Victor-Hugo (ancien Minimat de l'école Saint-Martin).

Vogel : en 1894, établissement d'un égout place Vogel.

Voiture : en 1903, construction des magasins de M. Lyonel-François à l'angle des rues Bellevue et Voiture.

P.-M. SAGUEZ.

Observations sommaires sur le précédent catalogue.

Des 466 marques de potiers proprement dites et à peu près intactes relevées à Amiens par P. M. Saguez, 110 ne figurent pas au *Corpus inscriptionum latinarum.* Sur ces 110 marques, près de 100 paraissent certaines. En voici la liste :

Adjectus.
Alluro.
Alvitta(nus).
Amor.
Amucius.
Annicuus.
Anuacus.
Ascillius.
Ateius.
Ateius Crestus.
Aura.
Of. Bav.
Bennicus.
Bussus.
Cabrillus.
Cabris.
Carvinus.
Cascius.
Cassus.
Cemmius.
Cenianis.
Ceniobes.
Cern(ius).
Cesen(ius).
C. Helsi(us).
Cippus.
Cispus.
Civillius.
Clarus.
Clarus Avillius.
Cinna.
Cocinius.
Comisarus.
Contius.
Cottro.
Crupp(us).
Diccius.
Divicatus.

Durin?
Elvillus.
Evhodus.
Face...
Fagninus.
Fantunus.
Fecinus.
Feufius.
Galaliaris.
Gastus.
Ginatus.
Illinus.
Imann(us).
Lalianus.
Licinius Severus.
Manianus.
Manurus.
Maronnius.
Mebbionus.
Mecanus (ou ius).
Mena Avillius.
Merecrius.
Mero.
Mildecus.
Nainus.
Neceius.
Omrius.
Otitus.
Prinilettius.
Rialis.
Riatus.
Rica ou Riga.
Rino.
Rodo.
Rontionicus.
Rub. Crestus.
Ruf. Dom.
Sasinus.

Sauciro.

Secandus.

Seliniccus.

Sextulus.

Silius.

Sio.

Sius?

Statius.

Sumacius.

Teratius.

Titavus.

Tuliccus.

Tullinus.

Vacustinus.

Vassus.

Ucella.

Vemius.

Vimor.

Vivienus.

Utilis.

Xanthus.

200 autres, en chiffre rond, qui sont publiées au *Corpus*, n'y sont pas indiquées comme ayant été relevées à Amiens.

Parmi les marques, déjà connues soit à Amiens, soit en divers autres points de la Gaule romaine, il est intéressant de signaler celles qui ont été trouvées dans des sites où existaient sans aucun doute des ateliers céramiques.

En nous référant à l'ouvrage classique de J. Déchelette sur les *Vases céramiques ornés de la Gaule romaine*, nous avons remarqué les signatures suivantes de potiers, dont il est permis de croire que la fabrique principale était installée à la Graufesenque, à Lezoux, à Montans.

Marques de la Graufesenque (Aveyron).

Aquil. ou Aquit.

Albinus.

Albus.

Apronius.

Ardacus.

Aticus.

Avitus.

Bassus.

Bassinus.

Bilicatus.

Calvus.

Canus, Canius ou Cannius.

Caranus ou Carantus.

Catianus.

Celadus.

Citurus.

Crestus.

Crispus.

Damonus.

Felix.

Frontinus.

Fuscus.

Gallicanus.

Germanus.

Jucundus.

Junius.

Licinius.

Logirnus ou Locirnus.

Of Ma.

Macer.

Mammilius ou Mammilianus.

Marinus.

Masclus.
Memor.
Modestus.
Of Moi.
Mommo,
Niger.
Notus.
Passenus.
Passienus.
Patricus.
Paullus.
Primulus.
Primus.
Rufinus.
Rufus.
Sabinus.
Sato, Satto.
Saturninus.
Secundus.
Senicio.
Sentrus.
Severus.
Silvanus.
Silvinus.
Sulpicius.
Tertius.
Titus.
Virilis.
Vitalis.
Volus(ianus)?

Marques de Montans (Tarn).

Acutus.
Apronius.
Felix.
Logirnus ou Locirnus.
Rufinus, Rufus.

Marques de Lezoux (P.-de-D).

Advocisus.
Albucius.
Aricius.
Atenicus.
Aventinus.
Aunus.
Banuus.
Bassus.
Borillus.
Butrio.
Carantinus.
Censorinus, Cessorinus.
Cerialis.
Cobnertus.
Divixtus.
Doccius.
Illixo.
Jullinus.
Lalus.
Libertus.
Maccius.
Mercator.
Moxius, Moxinus.
Paternus.
Priscus.
Putrius.
Quintilianus.
Saturniqus.
Secundus.
Verecundus.

Marques des fabriques de la Gaule de l'est : A. Groupe de l'Argonne: Pont des Rèmes, Lavoye.

Censorinus, Cessorinus.
Cintusnius.

Cossillus.

Marcellus.

Sato, Satto.

Secundus.

Tertius.

Vitalis.

B. *Groupe alsacien : Heiligenberg,
Ittenweiler, etc.*

Caranus ou Carantus.

Celsus.

Censorinus, Cessorinus.

Cerialis.

Cintusmus.

Firmus.

Mammilius ou Mammilianus.

Marcellus.

Marinus.

Maternus.

Mercator.

Miccio.

Monius.

Patricus.

Reginus.

Sedatus.

Silvinus

Verecundus.

Virilis.

Victorinus.

C. *Fabrique du Palatinat :
Rheinzabern.*

Censorinus, Cessorinus.

Cossillus.

Marcellus.

Sato, Satto.

Vitalis.

Plusieurs de ces marques ont été recueillies en deux ou trois centres d'ateliers céramiques fort éloignés les uns des autres, par exemple :

Censorinus, Cessorinus, à Lezoux, en Argonne, en Alsace, à
    Rheinzabern ;

Sato, Satto, à La Graufesenque, en Argonne, à Rheinzabern ;

Secundus, à La Graufesenque, à Lezoux, en Argonne ;

Tertius, à La Graufesenque, en Argonne ;

Verecundus, à Lezoux et en Alsace ;

Virilis, à La Graufesenque et en Alsace ;

Vitalis, à La Graufesenque, en Argonne, à Rheinzabern.

Ces faits peuvent s'expliquer, soit par la présence dans certains ateliers de produits originaires d'autres ateliers parfois très lointains, soit par l'existence, à des distances souvent considérables de la fabrique principale, de succursales ou de filiales de cette fabrique.

Nous n'avons pas l'intention d'entreprendre ici une étude approfondie de l'industrie céramique gallo-romaine, même limitée à la production de la vaisselle de terre vernissée rouge. Nous voulons simplement faire certaines constatations purement objectives, attirer sur elles l'attention des érudits et mettre en lumière l'importance des renseignements que fournissent, sur la circulation commerciale dans la Gaule romaine, des listes analogues à celle que P. M. Saguez a dressée avec tant de soin.

J. T.

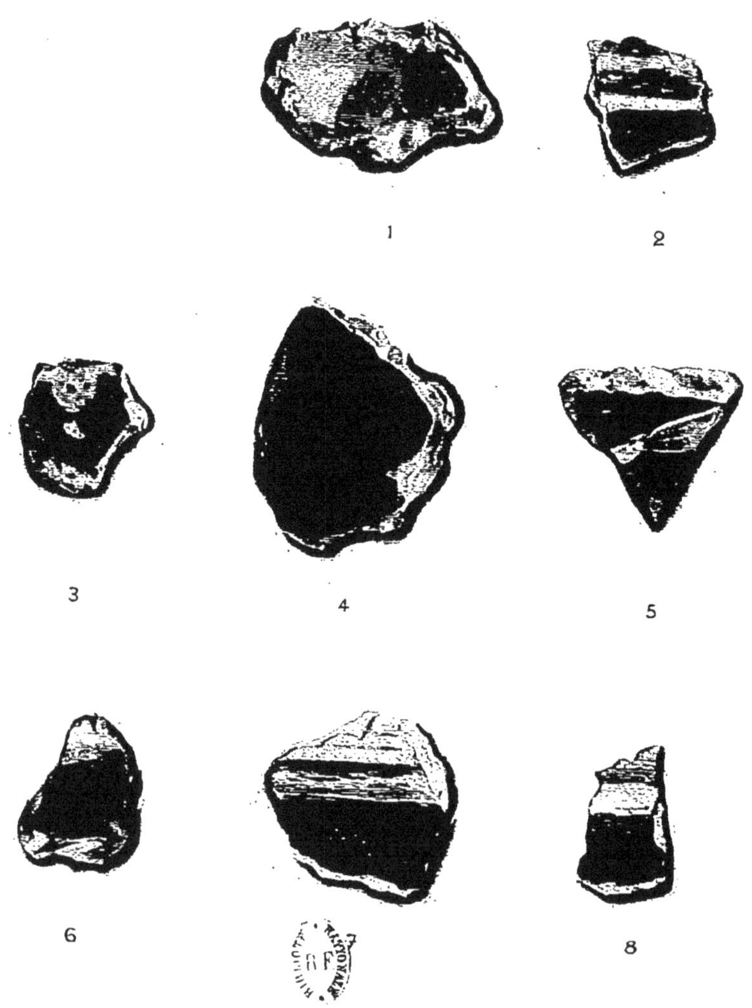

Débris de revêtements de murs gallo-romains, en plâtre peint,

découverts à Amiens et recueillis par P. M. Saguez.

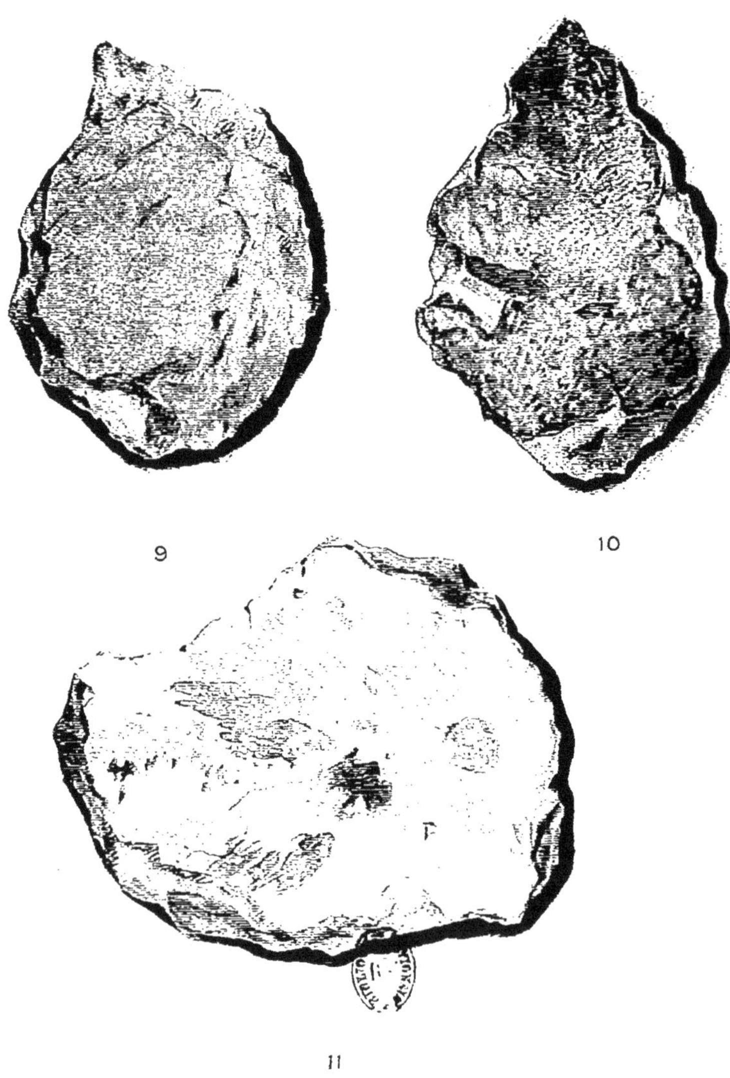

9

10

11

Débris de revêtements de murs gallo-romains, en plâtre peint,
découverts à Amiens et recueillis par P. M. Saguez.

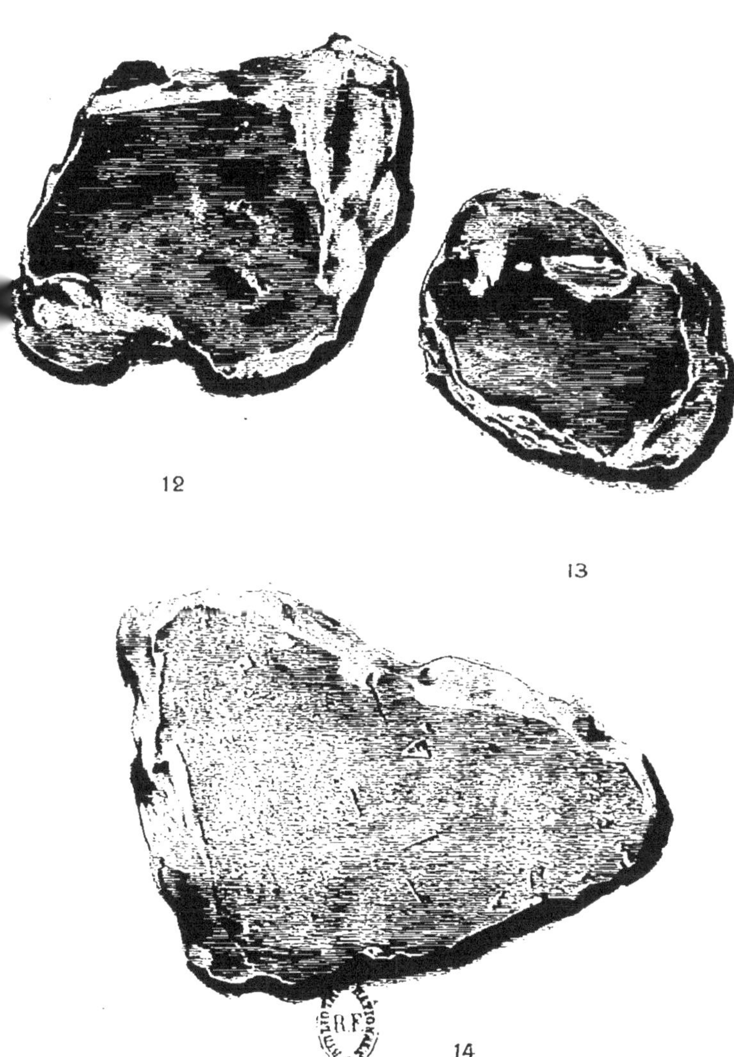

Débris de revêtements de murs gallo-romains, en plâtre peint,

découverts à Amiens et recueillis par P. M. Saguez.

www.ingramcontent.com/pod-product-compliance
Ingram Content Group UK Ltd.
Pitfield, Milton Keynes, MK11 3LW, UK
UKHW022135170726
13837UKWH00004B/1581